Título: Dirty Talk
Subtiítulo: Frases eróticas para excitar y dar placer a un hombre
www.artendia.com
artendiatop@gmail.com
@Artendia 2022

¿estás
TAN
DELICIOSO

Me mojas tanto cuando te miro

Sácate

la polla

Me pone muy cachonda ver cómo te tocas la polla

Por ti
me abro
de piernas
donde
quieras de
mi amor

Te
deseo
tanto

Qué
rico
estás
mi
amor

Estoy
ansiosa
por que
me folles
duro-

Aquí me tienes bien abierta de piernas para ti

Mi
COÑITO
está
ansioso
por ti

SÓLO
pensar
en ti
me pone
cachonda

Quítame

las

bragas

con la

boca

Me ENCANTA cómo me pasas LA POLLA POR LA VULVA

FRÓTATE
en mi
coño,
me encanta
CÓMO
ME PONES

ME
encanta
CÓMO
me comes
el cono

Me
enciende
tanto
que me
toques

Me flipa
tener
tus dedos
METiDOS
en mi
vagina

Me tocas tan bien, me excita cómo juegas con mi coño

Ay
AMOR,
que bien
me follas

He sido
muy mala,
fóllame tan
duro
como puedas

CASTIGA
mi coño
con tu POLLA

Me
encanta
sentir tu polla
bien metida
en mi coñito
mojado

Ábreme
las nalgas
y lámeme
el culo

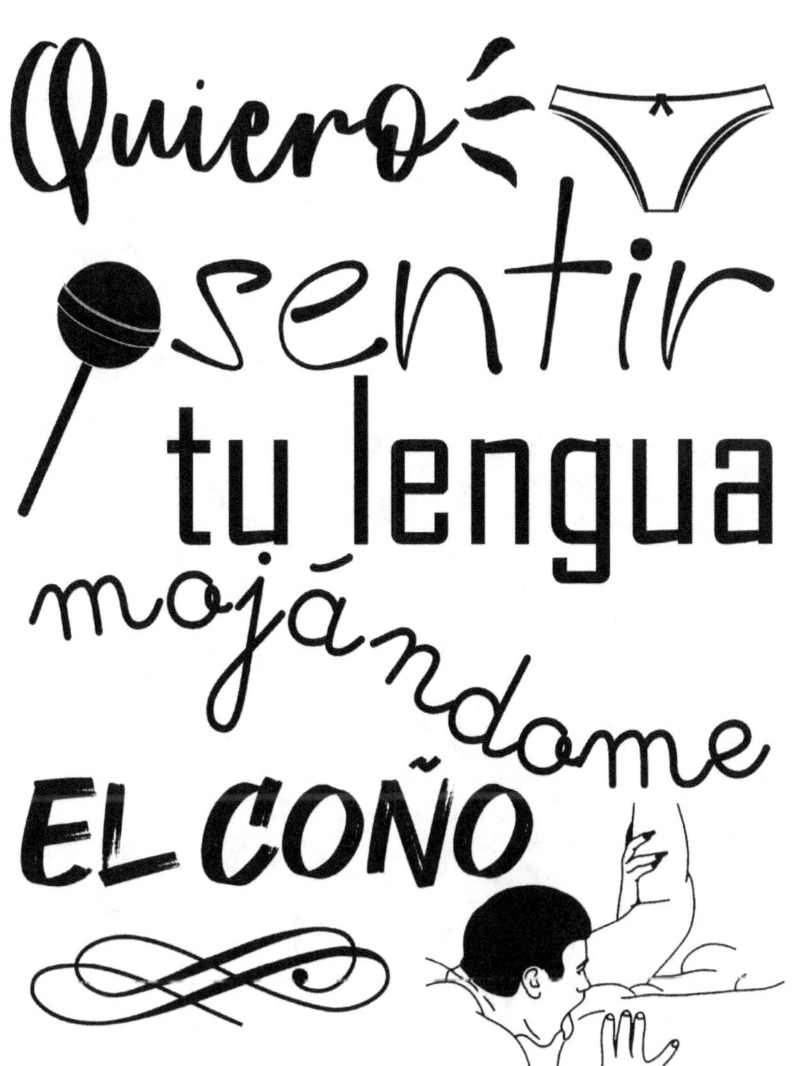

Quiero sentir tu lengua mojándome EL COÑO

Cómete
todo
mi
coño
mi
amor

Soy tuya, cómeme y no dejes nada mi amor

Me matas de excitación, me voy a correr en tu boca

Me tienes MUY EXCITADA, quier que me LA METAS

Quiero
sentir
tu polla
corriéndose
EN
mi boca

Déjame
TRAGARME
TODA TU LECHE

Moja tu polla en mis labios

Qué bien
sabe
tu leche
mi amor

ME TIENES
siempre
con ganas
de ti

Déjame tragarme tu polla entera

La tienes
tan
sabrosa

Me
ENCANTA e
lamerte
hasta LOS
COJONES

ME GUSTA
ver
cómo
me rebotan
LAS NALGAS
EN TU
POLLA

Ve más rápido mi amor, dame todo lo que me quieras dar

Me encanta sentir tu semen escurriendo por mis muslos

Estoy
bien
MOJADITA,
y tu
lo
provocaste

te mueves tan bien dentro de mi

¡Me vas a hacer correrme!

¡AY! AMOR,
¡Así, métemela
más duro!

AMOR, me dejaste el coño PALPITANDO

Dame tu polla, déjame lamértela

-Me-
encanta
saborear
esa rica
leche tuya

Áprovéchate
de mí

Haz
lo que
quieras
con migo

PONME
A CUATRO
y fóllame
duro

ME
encanta
moverme
sobre
TU POLLA

Mmm,
'méteme
UNOS DEDOS
en el coño

Córrete
dentro
de mí,
déjame llena
de tu leche

Me encanta sentirte metido entre mis piernas

Me
ENCANTA
tanto
tu POLLA

Mi coño
es todo
tuyo—
mi amor,
cómelo

¡Me tienes tan caliente!

DEMUÉSTRAME
qué puedes
HACER
con esa
lengua

Lámeme el clítoris mi amor, mientras me metes unos dedos

Déjame
chuparte
esa
rica polla
mientras
me lames
el
coño

Pasa
tu
lengua
por donde
quieras

Quiero
que me
la metas
hasta
el
fondo

No
-lo saques-
por favor,
sigue,
sigue...

SUENA tan rico cuando
me la estás METIENDO

-Me-
vas a hacer
correrme
a chorros
sobre
de ti

Adoro

·que seas·

sucio conmigo

cuando

me estás follando

Adoro
que me
mames
todita

¡Me voy a correr encima de ti, ya no puedo aguantar!

¡AY!
AMOR,
qué bien
me abres
mi coño

Adoro
que me
pongas
tan cachonda
y mojada

MÓNTAME
fóllame
DURO
mi
amor
mi

Me
ENCANTA te
que
masturbes
CUANDO
me miras

Dame más DE TU POLLA MI AMOR

Lléname
con tu
semen

Hazme
disfrutar
hasta
que los dos
nos corramos
juntos

Fóllame hasta que me dejes sudada y gimiendo de placer

DISFRÚTAME
toda,
mi
amor

Quiero
que te
diviertas-
con mi
cuerpo

¡QUÉ
deliciosa
polla
tienes

¡ Me encanta tenerte dentro de mí

Me fascina
ver cómo disfrutas
de mi
cuerpo

Déjame
bien llena
la boca
de tu
semen,

Quiero tragarme tu delicioso semen

Tengo la boca bien abierta, lista para que TE CORRAS en ella

Me
excita
TANTO
¿cómo
me
masturbas

Tengo
ganas
de correrme
en tus dedos
mi amor

ERES
MUY SUCIO
conmigo
y me
encanta

Me
lames
tan
bien
el
culo

Lámeme los pezones mientras me follas

Muérdeme

todita mi amor

Me mojas tanto, vas a hacer que me corra

¡Que
bien
me
follasi

¡Ay! ¡Ay mi amor!
Ya no aguanto, me voy a correr

Follamos
de puta
madre
mi amor

¿TE HA GUSTADO ESTE LIBRO? Si es así, deja un comentario en redes sociales y comparte con familiares y amigos

¿HAY ALGO QUE NO TE HA GUSTADO? Antes de darnos una reseña negativa, danos la oportunidad de mejorar, envíanos un correo a artendiatop@gmail.com. y haremos lo posible para mejorar la publicación.

¿ALGUNA IDEA DE MEJORA? Si crees que nuestro libro puede mejorar, no dudes en mandarnos tus comentarios a artendiatop@gmail.com

DESCUBRE LA VERSION AUDIO

SÍGUENOS EN:

 **artendia_yes**